Rudi Treiber
Karin Pfolz

Das Olivenöl-

Kochbuch

Bibliografische Information der Nationalbibliotheken:
Die Deutsche Nationalbibliothek verzeichnet diese Publikation in der Deutschen Nationalbibliografie; detaillierte bibliografische Daten sind im Internet über http://dnb.dnb.de abrufbar.
Die Österreichische Nationalbibliothek verzeichnet diese Publikation in der Österreichischen Nationalbibliothek.

Impressum:
1. Auflage

www.karinaverlag.at
Text © Karin Pfolz, Rudi Treiber
Lektorat: Angela Hochwimmer
Layout © Karin Pfolz
Covergestaltung © Karin Pfolz
Coverfoto: © Karin Pfolz
© Oktober 2015, Karina Verlag, Vienna, Austria,

Print: ISBN: 978-3-903056-55-8

Rudi Treiber
Karin Pfolz

Das Olivenöl-

Kochbuch

Griechisches reines Olivenöl
Olivenöl aus Griechenland
GR-Peloponnes, Achaia
Rudi Treiber +43 699 10710660
rudi.treiber@bnet.at
L RT-100750

Die Geschichte meines Olivenöls

Mein Olivenöl hat sich im Laufe der Jahre einen guten Ruf erarbeitet. Dieser ist nicht zufällig entstanden, denn er besteht aus der Summe der positiven Erfahrungen all meiner Kunden.
Ich verkaufe nicht nur Olivenöl, wie andere Immobilien oder Autos, sondern ich verkaufe auch gleichzeitig damit meine Philosophie, meine Einstellung zur Natur und zur Gesundheit der Menschen.
Vom Baum bis in die Flasche – alles aus einer, nämlich meiner Hand. Und dass dieses Öl biologisch ist, ist für mich selbstverständlich.

In meinem 7000 m^2 großen Garten stehen über hundert Olivenbäume, dazwischen viele andere Obstbäume wie Äpfel, Birnen, Quitten, Feigen, Zitronen, Orangen, Mandeln und Nüsse. Auch einen kleinen Weingarten gibt es. Der Boden wird mühevoll und arbeitsintensiv gemäht und nicht mit Chemikalien besprüht. Alle diese Arbeiten sind sehr zeit- und kostenaufwendig, aber es ist es uns wert, etwas Besonderes zu schaffen, und wir sind stolz darauf, nicht auf Quantität, sondern auf Qualität achten zu können und auch zu wollen.

Geerntet wird mit der Hand, ohne Maschine. Unter den Bäumen werden große Planen aufgelegt und die Oliven von den Ästen geschlagen. Anschließend werden diese in Säcke gefüllt. Abends bringen wir die Oliven in die Mühle, wo sie gemahlen werden.

Olivenöl ist das Öl aus dem Fruchtfleisch und dem Kern der Oliven. Die gesammelten Früchte werden zuerst gewaschen und zwischen Mahlsteinen zu einem ölhaltigen Brei zerquetscht. In ländlichen Betrieben wird dieser Brei auf runden Platten zu einem Turm aufgeschichtet. Durch diese Pressung fließt dann langsam das Öl heraus. Die Herstellung wird aber zunehmend automatisiert; dabei kommen

hydraulische Pressen zum Einsatz. Der ausgepresste Saft der Olive enthält neben dem Öl auch noch einen großen Anteil Fruchtwasser. Durch Stehenlassen schwimmt das leichtere Öl obenauf und kann anschließend abgeschöpft werden.
Danach wird das Öl in speziellen Kanistern zur Lagerung gebracht. Dort rastet es einen Monat lang und bildet einen Satz. Anschließend wird es in kleinere Kanister umgefüllt und beginnt dann seine Reise nach Österreich. Hier wird es in unsere Flaschen, mit den entsprechenden Etiketten versehen, abgefüllt.
Unser Olivenöl ist frei von jeder Chemie oder ähnlichen Zusätzen. Man sieht also, dass der Weg vom Baum zur Flasche schon sehr aufwendig ist, trotzdem ist es unsere jahrelange Passion, und außerdem lieben wir diese Arbeit.
Olivenbäume bringen den vollen Ertrag nur alle zwei Jahre. Die Qualität ist oft sehr unterschiedlich, auch der Geschmack. Das hängt von verschiedenen Faktoren wie Regen, Sonne oder Trockenheit ab. Auch können wir den Geschmack des Öls

nicht beeinflussen, sehr wohl aber die Qualität und die Reinheit des flüssigen Goldes.
Für kein anderes Öl gelten so strenge Qualitätsvorschriften wie für Olivenöl; trotzdem stößt man bei Qualitätsüberprüfungen immer wieder auf Täuschungsmanöver. Der Kauf von Olivenöl ist eine absolute Vertrauenssache, insbesondere bei teuren Qualitätsölen. Ein hochwertiges Olivenöl hat eben seinen Preis. Deshalb einfach Finger weg von billigen Ölen aus dem Supermarkt! Es gibt einen Grund dafür. Wo Olivenöl draufsteht, muss nicht immer Olivenöl drinnen sein, zumindest nicht zu 100 %.

Ein paar kleine Tipps zur richtigen Verwendung und Lagerung:

- Unser Olivenöl ist auch erhitzbar. Kurzgebratenes, bei bis zu 180 Grad, gewinnt an Geschmack und Güte.

- Äußerste Sauberkeit ist Voraussetzung; dadurch dass keine Konservierungsmittel drin sind, kann selbst die kleinste Unsauberkeit das Olivenöl kippen lassen.
- Das Olivenöl hat einen Säuregrad von 0,3% (alles unter 1,0 ist hervorragende Qualität).
- Olivenöl sollte nicht zu kalt (sonst wird es hart wie Butter), aber auch nicht zu heiß gelagert werden (ideal sind 15 - 20 Grad).
- Haltbar ist es bis zu 15 Monate.
- Je größer der Luftraum zwischen Olivenöl und Kanister ist, umso schneller verliert das Olivenöl an Geschmack, nicht wesentlich, aber immerhin. Um die Qualität 15 Monate lang zu erhalten, empfiehlt es sich, das Olivenöl in leere Mineralwasserflaschen (keine anderen) zu füllen, und lichtgeschützt zu lagern, denn das Licht ist der einzige Feind des Olivenöls.

- Olivenöl bitte nicht in Plastikgefäße geben: Olivenöl hat die Eigenschaft, die Weichmacher, die in vielen Plastikprodukten enthalten sind, aufzulösen, und die sind alles andere als gesundheitsförderlich.
- Jedes gute Olivenöl bildet einen Satz, daher immer die Flasche gut schütteln; der Satz ist gut und absolut verwendbar, nur Unwissende glauben, dass das klare Olivenöl das Beste ist.
- Olivenöl ist der beste Bakterienbinder. Spülen mit Olivenöl am Morgen und alle Bakterien verschwinden aus dem Mund und Rachenraum, dennoch ... das Olivenöl nach dem Gurgeln ausspucken.
- Mein Olivenöl ist eine Mischung aus der Region Nord-Peloponnes und Kalamata im Süden.

Die Gerichte aus diesem Kochbuch wurden von mir persönlich getestet und ausschließlich mit meinem Olivenöl zubereitet. So wünsche ich guten Appetit und viel Freude beim Kochen. Doch auch für die Küche gilt dasselbe wie für die Herstellung des Olivenöls. Zeit und Ruhe, denn mit guten und hochwertigen Lebensmitteln erhalten Sie Ihre Gesundheit.

Ihr

Rudi Treiber

Die Rezepte

Paprikasuppe

3 rote Paprika
1 Erdäpfel
1 Zwiebel
2 EL Olivenöl
Salz, Pfeffer, Kräuter nach Saison
ca. 1 l. Wasser

Paprika entkernen, Kartoffel und Zwiebe schälen, alles grob schneiden.
In dem Olivenöl anrösten und mit dem Wasser aufgießen. Salz und Pfeffer zugeben. solange kochen, bis die Erdäpfe weich sind. Im Mixer oder mit Pürierstal pürieren. Erst dann die gehackten Kräut zugeben. Mit Paprikaringen verzieren.

Spinatsuppe mit Erdbeeren

½ kg Blattspinat oder 1 Packerl TK-Blattspinat
1/8 l Sauerrahm
1 TL Mehl
1 Zwiebel
Salz, Pfeffer
2 EL Olivenöl
etwas Petersilie
Pro Person 2 Erdbeeren

Den Zwiebel und die Petersilie fein hacken. Im Olivenöl kurz anbraten, dann den grob geschnittenen Spinat dazugeben. Deckel drauf und dünsten, bis der Spinat weich ist. Vom Herd nehmen. Mit dem Pürierstab pürieren. Den Sauerrahm mit dem Mehl glattschlagen, langsam das Wasser dazugeben und weiterrühren. Zum Schluss

die Rahmmasse zum Spinat geben. Mit den Gewürzen abschmecken (das Salz erst jetzt zugeben, da der Spinat sonst an Farbe verliert).
Nun die Suppe in Teller füllen und mit je 4 Erdbeerhälften dekorieren (Die Erdbeeren kurz in Olivenöl tauchen, dann schwimmen sie besser und glänzen wunderbar. Ein paar Tupfen Rahm verschönern das Bild.

Tipp:
Spinat sollte nicht aufgewärmt werden. Daher diese Suppe nicht einfrieren, sondern frisch zubereiten.
Dieses Suppenrezept ist ebenso als Zucchinisuppe mit Mandarinenscheiben ein Geschmackserlebnis.

Bresaola-Röllchen auf Balsamico und Grana

ca. 20 Scheiben Bresaola
1/2 Kg Topfen (20 %ig)
Olivenöl
1 EL gehackte Kräuter nach Saison
Grana nach Geschmack
Kräutersalz
Balsamico-Glace

Topfen, Olivenöl, Kräuter und Salz mit einer Gabel zu einem feinen Aufstrich verarbeiten.
Die Bresaola-Scheiben überlappt auf einer Klarsichtfolie auflegen (2 Reihen zu je 10 wie eine Dachdeckung)
Die Topfenmischung daraufsteichen.
Mit Hilfe der Folie einrollen. Dann mit einem scharfen Messer in Stücke schneiden.
Grana grob schneiden, die Röllchen darauf und mit Balsamico-Glace verzieren.

Lauch-Karotten-Suppe

5 Karotten
1 Lauchstange
1/2 l Milch, 1/2 l Wasser
1 TL Mehl
Salz, Pfeffer, etwas Rosmarin
2 EL Olivenöl

Karotten und Lauch putzen und grob schneiden. Im Olivenöl anrösten. Mit dem Wasser aufgießen. Die Gewürze zugeben, zudecken und das Gemüse langsam weich kochen. Danach pürieren, oder – wer es deftiger will – einfach zerstampfen. Das Mehl mit dem Schneebesen gut in die Milch rühren. Es sollen keine Brocken bleiben. Dann das Milchgemisch in die Suppe geben. Noch einmal kurz aufkochen lassen. Fertig!

Oliven-Crostini

Oliven, Zwiebeln, Tomaten nach Bedarf
Olivenöl
Brotscheiben
Eine Hand voll Kräuter, klein gehackt

Am besten eignen sich entkernte Oliven. Vorzugsweise welche, die in Olivenöl eingelegt waren, da sie da den Geschmack erhalten. Zwiebeln und Tomate grob schneiden.
Olivenöl in der Pfanne erhitzen. Oliven, Tomaten und Zwiebeln hinzugeben und kurz anbraten (sollen knackig bleiben).
Das geröstete Gemüse in eine Schüssel geben und zudecken, damit es nicht auskühlt. Dann wieder Olivenöl in die Pfanne. Kräuter hinzugeben und die Brotscheiben auf beiden Seiten kurz anrösten.

Dann das Brot auf einer Platte anrichten und das Gemüse darauf verteilen.

Wenn man es als Hauptgericht zubereiten will, so kann man über die fertigen Brote Käse reiben (Reste finden sich immer) und im Backrohr bei 200 Grad 5 Minuten überbacken. Dazu reicht man frischen Blattsalat mit einer Balsamico-Olivenöl-Vinaigrette.

Besonders schmackhaft ist diese Vorspeise, wenn man dunkles Brot anröstet, das nicht mehr frisch ist. Also auch ein guter Weg, um altes Brot zu verwenden.

Balsamico-Olivenöl-Vinaigrette

5 Esslöffel Olivenöl
3 Esslöffel Balsamico (ab 5 Jahre und mit geringem Säuregrad)
$\frac{1}{2}$ Esslöffel Honig
2 – 3 Blätter frischer Estragon

Das Olivenöl in eine Schüssel geben. Mit einem Schneebesen den Balsamico tröpfchenweise einrühren. Immer darauf achten, dass sich Essig und Öl miteinander verbinden. Dann den Honig unterrühren. Zum Schluss den sehr klein gehackten Estragon einrühren.

Vinaigrette kann auch in größerer Menge zubereitet und in einem Glasbehälter mit Verschluss (z. B. ein leeres Sugoglas) aufbewahrt werden. Dann sollten die Kräuter jedoch erst beim Servieren zugefügt werden.

Das Zauberbrot

Ein Rezept, das schon oft von mir gefordert wurde, aber nie weitergereicht. Es ist schwierig herzustellen und bedarf der richtigen Raumtemperatur und vor allem Zeit und Ruhe.

Je nach Jahreszeit und Wetter ändere ich die Kräuter. Besonders wirksam und feinschmeckend werden diese, wenn sie bereits am Vortag im Olivenöl angesetzt werden.

Der Fantasie sind bei der Auswahl der Kräuter keine Grenzen gesetzt. Wem das Basisrezept einmal gelungen ist, der wird an den vielfältigen Varianten seine Freude haben.

Viel Spaß beim Variieren.

Das Zauberbrot

1/2 Kg Dinkelmehl, 1/2 Kg Vollkornmehl
1 Pkg. Trockengerm (Hefe)
1 EL Salz
je 1/2 TL Fenchel, Koriander, Kümmel
1 Priese Zimt
1/8 l Olivenöl, ca. 1 l Wasser

Alle Zutaten mit so viel warmen Wasser (in einer großen Schüssel) zusammen verkneten, dass ein schöner, fester Teig entsteht. Mit einem Tuch zudecken und ca 1 Stunde rasten lassen. Backrohr auf 180 Grad Umluft. Mit nassen Händen 2 Laibe formen. 40 Minuten im Ofen backen.

(Nach Lust und Laune können auch Oliven, Nüsse oder Kräuter in den Teig gemischt werden).

Maisbrot mit Paprika und Zwiebeln

1 kg Maismehl
1 Päckchen Trockengerm (Hefe)
1 EL Salz
1 roter Paprika, 1 Zwiebel, Kräuter nach Wahl
ca. $\frac{3}{4}$ Liter warmes Wasser, etwas Olivenöl

Das Gemüse kleinwürfelig schneiden. In einer Pfanne mit dem Olivenöl kurz anrösten. Alle anderen Zutaten mit dem Gemüse in einer großen Schüssel kneten, bis ein glatter Teig entsteht. Ca. 1 - 2 Stunden zugedeckt gehen lassen.
Inzwischen den Ofen auf 180 Grad vorheizen, 2 Brotlaibe formen und ca. 50 Minuten bei Umluft backen.

Pasta ... Pasta

Pasta muss heute nicht mehr selbst gemacht werden, wobei das Rezept einfach wäre. Einfach 1 kg Hartweizenmehl, Wasser, ein Schuss Olivenöl, Salz. Das Ganze zu einem festen, aber geschmeidigen Teig verarbeiten und in Klarsichtfolie ruhen lassen.

Bei Bedarf mit dem Nudelholz ausrollen, mehrmals zusammenschlagen und wieder ausrollen. Umso öfter das wiederholt wird, umso feiner die Pasta.

Dann entweder nach Wunschform schneiden, ausstechen oder mit einer Fülle versehen kleine Taschen machen.

Kochzeit in reichlich Salzwasser ca. 3 Minuten.

Pasta Vegetaria

Pro Person:
ca. 100 Gramm Spaghetti (vorgekocht)
1 - 2 Tomaten, 1/2 Zwiebel
1 EL Oliven
1/2 l Obers
Salz und groben Pfeffer
Olivenöl

Zwiebel und Tomaten würfeln. Dann mit Olivenöl und Oliven kurz anrösten.
Mit Obers löschen,
Die Spaghetti, Salz und Pfeffer untermischen.
Backrohr auf ca. 200 Grad.
Alles in eine Auflaufform geben, mit etwas Olivenöl beträufeln. Mit Oliven und Tomatenscheiben verzieren.
Backzeit ca. 20 Minuten

Pasta grandiosa

Eine schnelle und sehr einfache Sauce für Pasta jeder Art.

5 - 6 Knoblauchzehen, geschält und in Plättchen geschnitten
Olivenöl
$\frac{1}{4}$ Liter Obers
5 Scheiben Schmelzkäse
1 EL Tomatenmark
grüner Pfeffer in Körnern

Den Knoblauch im Olivenöl anrösten, dann das Tomatenmark und die Pfefferkörner zugeben. Mit dem Obers aufgießen. Nun vom Herd nehmen und den Schmelzkäse einrühren. Die Sauce darf nicht mehr kochen!
Die Pasta in einer Schüssel mit der Sauce vermischen. Fertig.

Erdäpfel-Orangen-Auflauf

2 Orangen
6 - 8 mittelgroße Erdäpfel
3 Schmelz-Käseeckerl
1/8 l. Olivenöl
1 EL Mehl
1/4 l Milch
Salz und Pfeffer

Erdäpfel vorkochen, schälen und in Scheiben schneiden. Die Orangen schälen und in Würfel schneiden. Backrohr auf ca. 200 Grad vorheizen. Das Olivenöl in einem Topf etwas erwärmen, Mehl mit einem Schneebesen mit dem Olivenöl verrühren. Käse und Milch dazugeben und erwärmen, bis alles eine glatte Creme wird (Rühren!) Erdäpfel und Orangen in eine Auflaufform geben, Salz und Pfeffer darüber, mit der Sauce übergießen. In den Ofen geben. Backzeit ca. 20 Minuten.

Grüne Bohnen in Olivenöl

½ kg Fisolen (grüne Bohnen)
1/8 Liter Olivenöl
3 zerkleinerte Tomaten
2 feinst gehackte Zwiebeln
1 Tl. Salz, 1 Tl. Zucker

Die Fisolen in Olivenöl anrösten, alle Zutaten dazugeben und auf kleiner Flamme zugedeckt weich dünsten.
Das Gericht wird kalt gegessen. Am besten mit frischem Fladenbrot.
Wer es scharf will, der kann eine entsprechende Menge frischen scharfen Pfefferoni dazugeben.

Imam Bayildi

4 Melanzani (Auberginen)
2 Zwiebeln, geschnitten
2 Tomaten
2 Paprikaschoten, gewürfelt
8 Knoblauchzehen
Salz und Pfeffer, 1/8 l Olivenöl, 1/8 l. Wasser

Melanzani (Auberginen) der Länge nach durchschneiden und 1 Stunde in Salzwasser einlegen. Dann die Hälften etwas aushöhlen. Das Innere der Früchte mit den anderen Zutaten vermischen.
Das Öl und das Wasser in eine Pfanne geben. Auf den Herd stellen. Die Melanzani hineinlegen und mit dem Zutatengemisch füllen.
Zudecken und bei mittlerer Hitze garen.
Mit frischer Petersilie servieren.

Brioche Striezel

½ kg glattes Mehl
¼ l. Milch lauwarm
1 Packerl Trockengerm (Hefe)
1 Prise Salz
1 Vanilleschote
10 dag Honig
10 dag Olivenöl
2 - 3 ganze Eier (zimmerwarm)
Hagelzucker, Rosinen

Alle Zutaten müssen Zimmertemperatur haben.

Mehl mit Salz und Germ vermischen. Olivenöl, Honig, Eier, den Inhalt der Vanilleschote und die Milch dazugeben und zu einem glatten Teig verarbeiten.
Ein Tuch über den Teig breiten und ca. 1 Stunde gehen lassen.
Dann die Rosinen einkneten und nochmals $\frac{1}{2}$ Stunde gehen lassen.

Den Teig in 4 gleiche Teile teilen, diese zu Rollen formen (am besten mit nassen Händen). Einen Zopf flechten.
Mit Ei einpinseln, Hagelzucker darauf streuen und nochmals zugedeckt eine halbe Stunde gehen lassen.

Dann ungefähr 30 Minuten bei 180 Grad backen.

Ein paar Worte aus der Küche

Olivenöl ist in jedem Bereich der Küche einsetzbar. Selbst für Süßspeisen ist es geeignet. Der Vorteil besteht darin, dass die Gerichte gesünder für den Organismus sind und eine besondere Geschmacknote bekommen.

Um sämtliche anderen Öle aus der Küche zu ersetzen, bedarf es jedoch etwas Mut zum Neuen. Einiges sollte man daher beachten.
So sollte Olivenöl nicht über 180 Grad erhitzt werden, dies gilt auch für Backwaren, allerdings mit der Ausnahme von Brot.
Für Schokoladegerichte und Kuchen ist die Verwendung von hochwertiger dunkler Schokolade vorteilhafter, da sie besser mit Olivenöl harmoniert. Ebenso sollte Zucker durch Honig ersetzt werden.
Selbstverständlich ist der Endgeschmack dann ein vollkommen anderer. Weniger süß, aber voller im Geschmack. Mutig sein und probieren. Der Körper wird es danken.

Winterkräuter

Nahezu alle Kräuter lassen sich wunderbar in Olivenöl für den Winter frischhalten.
Dazu die Kräuter ordentlich waschen und vollständig trocknen lassen.
Dann klein hacken.
Ein Einmachglas damit füllen und mit Olivenöl auffüllen. Den Deckel luftdicht verschließen.
Damit das Glas gut verschlossen wird, die so gefüllten Gläser im Backrohr bei ca. 60 - 80 Grad erwärmen. Ungefähr 30 Minuten.
Dann auskühlen lassen. Der Deckel verschießt sich dann selbst bei der Abkühlung.

Die so erhaltenen Kräuter kann man dann den ganzen Winter als eine Art Kräuterpaste für alle möglichen Gerichte verwenden.

Rudi Treiber

steht mit all seiner Kraft hinter seinen Vorhaben, war Lehrer, ist Musiker, Maler, Olivenbauer und Schreiber – als Schriftsteller will er sich nicht bezeichnen – und dies alles mit einer Leidenschaft und Konsequenz, die viele verblüfft.
Mit seinen Worten zeigt er die Fehler, Irrtümer und Irrglauben seiner Mitmenschen auf. Nimmt sich kein Blatt vor den Mund, um seine Meinung zu vertreten.
Ein ständiger Provokateur, intellektueller Kosmopolit, Träumer und Illusionist.
In seinen Worten und in seiner Musik teilt er seine Ansichten über Kindesmissbrauch, Drogen, Neonazis, Politik und Lügen der Menschheit. Aber er findet auch Platz für Sentimentales ohne Peinlichkeit.
2014 erschien ‚Das Diktat des Durchschnitts'.

Karin Pfolz

arbeitet als Autorin und Malerin. Die ehemalige Touristikerin und Rechtsanwaltsassistentin führte auch 10 Jahre lang ein Restaurant mit natürlichen friulanischen Speisen.

Für ihre Kindergeschichten wurde sie 2011 und 2012 mit dem ‚Sparefroh-Preis Österreich' ausgezeichnet. Seit 2014 ist sie Vorstandsvorsitzende des Vereins ‚Respekt für Dich - Autorinnen gegen Gewalt' und Geschäftsführerin vom Karina-Verlag.

‚Manchmal erdrückt es mich, das Leben', Roman
‚Du lügst dich durch mein Leben', Thriller
‚Hexenschatten' und ‚Verloren im Leben', Thriller mit Co-Autorin Verena Grüneweg
‚Die Reise der Bücher', Kinderbuch
‚Gemalte Geschichten', Kinderbuch

Wohlfühlen in Griechenland

Urlaub einmal nicht als Reise, sondern einfach „leben".
Zwei typisch griechische Häuser mit dem Flair des südlichen Lebens, umgeben von einem riesigen eingezäunten Olivengarten, warten auf Euch.
Ein herrlicher Panoramablick auf das Meer, frische Luft und Ursprünglichkeit.
Das nahe Dorf Selianitika bietet dir Restaurants, Strandcafés, Supermärkte und vieles mehr. Das Meer ist in 10 Minuten erreicht.

Einfach mieten und hinfahren. Entspannung garantiert.

Erholung pur in der Steiermark

Das Ferienhaus liegt in Ratten, im steirischen Joglland. Die beruhigende Kraft der Wälder, das Rauschen eines Flusses, die Stille des Landes und der Charme der Natur, laden zur Entspannung ein.

Das Haus mit vielen Räumen ist ausgestattet mit einem offenen Kamin, Sauna, großem Garten, eine Quelle und eine urgemütliche, stilvolle Einrichtung. In der nahen Umgebung gibt es umfangreiche Sportangeboten und Ausflugsziele für jede Jahreszeit.

Info und Buchung:
http://www.ferienhaus-in-der-steiermark.at/
Mail: rudi.treiber@bnet.at

Das Olivenöl ist erhältlich über:

http://www.olivenoel-aus-griechenland.at

Karina Verlag, Vienna
Otto Willmann Gasse 4/69
A-1100 Wien
Mail: karina.bookoffice@gmail.com
Tel.: +43 699 170 70 730